BEI GRIN MACHT SICH IHR WISSEN BEZAHLT

AF130474

- Wir veröffentlichen Ihre Hausarbeit,
  Bachelor- und Masterarbeit

- Ihr eigenes eBook und Buch -
  weltweit in allen wichtigen Shops

- Verdienen Sie an jedem Verkauf

Jetzt bei www.GRIN.com hochladen und kostenlos publizieren

Bibliografische Information der Deutschen Nationalbibliothek:

Die Deutsche Bibliothek verzeichnet diese Publikation in der Deutschen National-
bibliografie; detaillierte bibliografische Daten sind im Internet über http://dnb.d-
nb.de/ abrufbar.

Impressum:

Copyright © 2018 GRIN Verlag
Druck und Bindung: Books on Demand GmbH, Norderstedt Germany
ISBN: 9783346197849

Dieses Buch bei GRIN:

https://www.grin.com/document/901004

Doina Vorosan

Planung von Kommunikationspolitik für ein Software-entwicklungsprojekt

GRIN Verlag

GRIN - Your knowledge has value

Der GRIN Verlag publiziert seit 1998 wissenschaftliche Arbeiten von Studenten, Hochschullehrern und anderen Akademikern als eBook und gedrucktes Buch. Die Verlagswebsite www.grin.com ist die ideale Plattform zur Veröffentlichung von Hausarbeiten, Abschlussarbeiten, wissenschaftlichen Aufsätzen, Dissertationen und Fachbüchern.

Besuchen Sie uns im Internet:

http://www.grin.com/

http://www.facebook.com/grincom

http://www.twitter.com/grin_com

Fallstudie

Modul: Projektmanagement

Planung der Kommunikationspolitik

Online eingereicht am 12.09.2018

SRH Fernhochschule Riedlingen

Studiengang: Medien- und Kommunikationsmanagement

2

Inhaltsverzeichnis

Abbildungsverzeichnis

1. Einleitung

Als "Head of Communication" eines nebenberuflichen Startup-Projekts wurde die Verfasserin beauftragt, die Kommunikationspolitik für die Einführung und die Bekanntmachung eines Produkts zu konzipieren. Um Synergien zwischen dem Fernstudium und dem privaten Projekt zu erzielen, wird in dieser Fallstudie die Kommunikationspolitik des ausgewählten Projektes ausgearbeitet.

1.1. Generelle Fragestellung

Der private und berufliche Alltag jeder Person ist von Komplexität geprägt, die mit der fortschreitenden Digitalisierung weiter zunimmt. Insbesondere im beruflichen Umfeld sind hohe Managementkompetenzen, starke Flexibilität und Multitasking gefragt. Projekte sind heutzutage komplexer denn je: Stakeholder verfolgen unterschiedliche Interessen; Arbeitspakete müssen parallel und effizient bearbeitet werden und weisen vielfältige Verknüpfungen und Abhängigkeiten auf; Anforderungen ändern sich im Zuge des Projektverlaufs. All diese und noch viele weitere Faktoren erschweren und verkomplizieren den Projektalltag. In der Folge treten – insbesondere bei komplexen Großprojekten - Terminverzögerungen immer häufiger ein.

Auch die Zahl der Projekte und dessen Umfang wächst aufgrund dieser zunehmenden Komplexität, der Internationalisierung und Globalisierung stetig an. Unabhängig davon, ob es sich um ein großes, kleines oder mittelständisches Unternehmen handelt, die Rahmenbedingungen sind für alle gleich: Der Wettbewerb verschärft sich, die Produktlebenszyklen werden immer kürzer und der Kostendruck steigt.[1] Erfahrene und flexible Projektmanager sind hierfür notwendig, um trotz sich verändernden Randbedingungen erfolgreich zu sein und die Projektziele zeiteffizient zu erreichen.[2]

---

[1] vgl. *Aichele/Schönberger* (2014), S. 1
[2] vgl. *Alam/Gühl* (2016), vii

1.2. Zielsetzung der Fallstudie

Im Rahmen dieser Fallstudie wird ein Aufgabenbereich eines privaten nebenberuflichen Projekts ausgewählt und als Projekt definiert. Es handelt sich dabei um die Konzipierung der Kommunikationspolitik für die Einführung und Bekanntmachung eines Blockchain-basierten Multiplayer-Spiels. Das Ziel dieser Arbeit ist es, die theoretischen Projektmanagementmethoden aus den Studienbriefen und der Fachliteratur anhand eines Praxisbeispiels passend anzuwenden, die Hintergründe erfolgreicher Projekte zu analysieren und auf die maßgeblichen Aspekte im Projektmanagement aufmerksam zu machen. Basierend auf den einschlägigen theoretischen Grundlagen werden im Zuge dieser Fallstudie Vorlagen und Checklisten für die praktische Umsetzung erarbeitet. Außerdem soll diese Fallstudie der Verfasserin dazu verhelfen, einen strukturierten und praxisbezogenen Zugang zum Thema Projektmanagement zu erhalten, um ihr Projekt erfolgreich durchzuführen.

1.3. Vorgehen und Aufbau

Nach der Erläuterung einiger grundlegender Begrifflichkeiten wird in der Vorbereitungsphase zunächst der Projektauftrag definiert, so dass die Zielerreichung messbar wird. Im Anschluss erfolgt die Analyse des Projektumfelds und der Stakeholder, die einen relevanten Einfluss auf den Erfolg und die Akzeptanz des Projektes üben. Eine Zielpräzisierung wird in einer frühen Projektphase definiert, damit im Nachhinein eine adäquate Projektkontrolle erfolgen kann. Aus der Aufgabenstellung heraus resultiert, dass die Projektplanungsphase im Fokus steht. In dieser Phase werden die Projektphasen, -meilensteine und der -strukturplan zeitlich, inhaltlich und personell konkretisiert. Zusätzlich werden Arbeitspakete detailliert ausformuliert, die Projektorganisation definiert und eine Kommunikationsmatrix erstellt. Um den Rahmen dieser Fallstudie nicht zu sprengen wird auf die Phasen der Projektumsetzung, -steuerung und des -abschlusses nur grob eingegangen. Zum Schluss erfolgt ein Fazit und eine kritische Reflexion.

2. Terminologische Grundlagen

Zunächst betrachten wir einige elementare Grundlagen, die einen gemeinsamen Verständnisrahmen für die Fallstudie schaffen sollen. Neben der Thematisierung der grundlegenden Begrifflichkeiten „Projekt" und „Projektmanagement" wird in diesem Kapitel untersucht, was eine „Kommunikationspolitik" ist und welche Bestandteile dazu gehören.

2.1. Projekt

Für den Begriff Projekt gibt es einige anerkannte Definitionen verschiedener Organisationen und Gremien, die z. B. in den Normen ISO 21500:2012, DIN 69901 oder vom Project Management Institute (PMI) festgelegt wurden.[3] Bereits 1982 erkannte *Dülfer*, dass der Projektbegriff zu jenen Begriffen gehört, die zwar jedermann zu verstehen glaubt, „deren präzise merkmalsmäßige Festlegung jedoch unerwartete Schwierigkeiten erkennen lässt."[4]

Zu einem ähnlichen Schluss kam *Madauss*[5], der mehrere wissenschaftliche Quellen untersuchte und feststellte, dass sich die einzelnen Definitionen zum Begriff „Projekt" teilweise sehr unterschieden und auf die Beschreibung jeweils unterschiedlicher Aspekte abzielten. Er definierte daraufhin die folgende Definition, die dieser Fallstudie zu Grunde gelegt wird: „Projekte sind Vorhaben mit definiertem Anfang und Abschluss, die durch die Merkmale zeitliche Befristung, Einmaligkeit, Komplexität und Neuartigkeit gekennzeichnet sind und wegen ihres interdisziplinären Querschnittscharakters eine vorübergehende organisatorische Veränderung und damit verbunden auch eine Neufestlegung der Aufgabenbereiche im Betrieb bewirken können."[6]

---

[3] vgl. *Aichele/Schönberger* (2014), S. 3
[4] *Dülfer* (1982), S. 42
[5] vgl. *Madauss* (2000), S. 52
[6] *Madauss* (2000), S. 41

2.2. Projektmanagement

Das Projektmanagement umfasst laut dem gängigen magischen Dreieck des Projektmanagements drei Zieldimensionen: Qualität, Kosten und Zeit.[7] Diese sind jedoch nicht unabhängig voneinander zu sehen, sondern beeinflussen sich gegenseitig. Für diese Fallstudie wird die Definition von *Jakoby* zu Grunde gelegt. Er definiert den Begriff folgendermaßen: „Projektmanagement ist die Planung und Steuerung der problemlösenden Prozesse von Projekten, um diese termingerecht und aufwandsminimierend zum Ziel zu führen."[8]

2.3. Kommunikationspolitik

Die Kommunikationspolitik ist ein bedeutender Bestandteil des Marketings. Diese beinhaltet diverse Werbe- und Kommunikationselemente, um mit den Kunden in Kontakt zu treten und das vermarktete Produkt positiv in den Köpfen der Kunden zu verankern. Die wichtigsten Instrumente der Kommunikationspolitik sind die Öffentlichkeitsarbeit, Verkaufsförderung und Werbung.[9] Nach *Froböse* und *Thurm* umfasst die Kommunikationspolitik "alle Entscheidungen und Handlungen, die die Gestaltung und Übermittlung von Informationen bzw. Botschaften an marketing-relevante Adressaten eines Unternehmens betreffen".[10]

3. Projektvorbereitung

Die erste Projektphase geht bereits mit der Projektidee einher. Hierbei geht es um die Klärung des Projektauftrags, der Zuständigkeiten und Prozesse sowie

---

[7] *Alam/Gühl* (2016), S. 163
[8] vgl. *Jakoby* (2015), S. 30
[9] *Nagl* (2017), S. 169
[10] *Froböse/Thurm* (2016), S. 131

die grobe Zieldefinition.[11] Zudem wird für die weitere Planung eine Projektumfeld- sowie Stakeholder-Analyse durchgeführt.

3.1. Klärung des Projektauftrags

Die Klärung des Projektauftrags ist die Grundlage für die weiteren Projektphasen. Insbesondere für die Festlegung der Projektziele ist ein Projektauftrag von großer Bedeutung.[12] In dem Projektauftrag werden die maßgeblichen Vorgaben festgehalten. Diese sind Rahmenbedingungen, die der Auftraggeber vor der Übergabe unbedingt wissen muss.[13] "Ein klarer Auftrag und klare Ziele sind keine Bringschuld des Auftraggebers, sondern Holschuld des Projektleiters."[14], so *Schmid*.

Als Head of Communication muss die Verfasserin dieser Fallstudie das gesamte Marketing des Startups-Projektes planen. Da diese Aufgabe jedoch sehr umfangreich ist und den vorgegebenen Rahmen dieser Fallstudie deutlich sprengen würde, wird hierbei nur einen Teilbereich berücksichtigt, nämlich die Konzipierung der Kommunikationspolitik.

Der Projektauftrag für diese Fallstudie wird nachfolgend erarbeitet. Dieser erfordert die Unterschrift des Auftraggebers und der Projektleiterin und dient als Grundlage für die Gestaltung des Projektumfeldes sowie der weiteren Projektphasen.[15] Ein Projektsteckbrief oder -auftrag ist typischerweise eine kurze Zusammenfassung eines Projekts und beinhaltet die wichtigsten Zahlen, Daten und Fakten des Projekts.[16]

Projekttitel:	Planung der Kommunikationspolitik
Projektart:	Marketingprojekt
Projektleiter/in:	Doina Vorosan, Head of Communication
Projektauftrag-	Projektteam

---

[11] vgl. *Timinger* (2015), S. 82
[12] vgl. *Walter* (2012), S. 22
[13] vgl. *Schmid* (2013), S. 21
[14] *Schmid* (2013), S. 23
[15] vgl. *Walter* (2012), S. 9
[16] vgl. *Alam/Gühl* (2016), S. 35

geber/in:	
Projektdauer:	Geplanter Beginn: 15.07.2018 Geplantes Ende: 15.09.2018
Ausgangs- situation / Problem- beschreibung	Bei dem besagten Projekt handelt es sich um ein IT-Projekt aus dem Bereich Game Development, auf Basis der Blockchain-Technologie „Ethereum". Der Markt für Blockchain-basierte Spiele hat sich noch nicht etabliert und befindet sich noch in der Entstehungsphase. Insofern wird von dem Projektteam eine Strategie des frühen Folgers angewandt. Eine weitere Herausforderung ist die sehr schnelllebige Gaming-Branche. Für die beschriebene Projektsituation ist eine entsprechende Kommunikationspolitik zu konzipieren, die als kritischer Erfolgsfaktor bei einschlägigen Projekten gilt.
Hauptziel:	Das Hauptziel dieser Fallstudie ist die Planung der Instrumente der Kommunikationspolitik für die erfolgreiche Einführung und Bekanntmachung des Blockchain-basierten Spiels bis zum 07.07.2019.
Meilensteine:	**Datum** **Meilenstein** 15.07.2018 Projektstart 25.07.2018 Analyse der Ausgangssituation 31.07.2018 Festlegung Kommunikationsziele 07.08.2018 Erstellung Zielgruppen-Profile 15.08.2018 Formulierung Botschaft 20.08.2018 Budgetplanung 25.08.2018 Erstellung Maßnahmenplan 30.08.2018 Abstimmung Maßnahmenplan 10.09.2018 Prüfung Kommunikationskonzept 15.09.2018 Konzeptionsabschluss und Beginn Umsetzung

Projekt-ressourcen:	Als Ressource wird hierbei nur die Arbeitszeit gezählt. Da es sich um ein nebenberufliches neuartiges Projekt handelt, sollten max. 5 Manntage für die Planung benötigt werden
Projektbudget:	Für diese Projektphase sind keine finanziellen Ressourcen vorgesehen.
Da es sich um ein nebenberufliches und freiwilliges nicht-offizielles Projekt handelt, kann zur Vereinfachung auf die Unterschriften verzichtet werden.	

Abbildung 1: Projektauftrag

(Quelle: in Anlehnung an Hagen, S.: 2010)

3.2. Zielpräzisierung

Laut dem Gabler Wirtschaftslexikon ist ein Ziel eine "Sollgröße, mit der ein Istzustand verglichen wird, der so lange zu bearbeiten ist, bis er dem Sollzustand entspricht".[17] Ein Projektziel wird durch eine eindeutige und allgemein verständliche Formulierung sowie durch einen realistischen Erreichungsgrad charakterisiert. Die Projektziele definieren den zu erreichenden finalen Zustand, daher sind diese operationalisierbar bzw. in Detailziele untergliedert. Diese werden im Rahmen des Projektes erarbeitet.[18]

Nach *Felkai* und *Beiderwieden* haben Ziele eine Klärungs-, Orientierungs- und Kontrollfunktion.[19] Die Projektziele stellen die Weichen für den weiteren Projektverlauf dar. Daher müssen sie möglichst klar formuliert werden, um spätere Problemen, Schäden oder das Scheitern des Projekts zu vermeiden.[20] Die Zielformulierung nach der "SMART-Formel" ist empfehlenswert, denn das Ergebnis dabei sind **S**pezifische, **M**essbare, **A**kzeptierte, **R**ealistische und **T**erminierte Ziele.[21]

Das Hauptziel dieser Fallstudie ist die Planung der Instrumente der Kommunikationspolitik für die erfolgreiche Einführung und Bekanntmachung

---

[17] *gabler.de* (o. D.)
[18] vgl. *Behm/Berger* (2015), S. 38
[19] vgl. *Felkai/Beiderwieden* (2015), S. 53
[20] vgl. *Felkai/Beiderwieden* (2015), S. 51
[21] vgl. *Felkai/Beiderwieden* (2015), S. 58

des Blockchain-basierten Spiels bis zum 07.07.2019. Der Erfolg dieses Ziels wird an der Anzahl gewonnener Spieler und deren monetären Ausgaben für das Spiel gemessen. Beabsichtigt wird dabei, durch die Einnahmen die Ausgaben abzudecken. Die konkreten finanziellen Messgrößen werden in dem Businessplan definiert, der sich momentan noch in der Konzeptionsphase befindet und auf den nicht weiter eingegangen wird.

Die folgenden Teilziele sollen der Strukturierung des Projektes helfen:[22]

- Auftragsklärung: Abschluss der Phase bis 01.07.2018. Dieses Teilziel liegt in der Vergangenheit und wurde bereits erreicht.
- Konzeption/Planung: Abschluss der Konzeptionsphase bis 15.09.2018.

Die Nebenziele sind weitere Ziele, die erreicht werden können[23]. Diese beziehen sich auf die zu berücksichtigenden Rahmenbedingungen der Umsetzungsphase sowie des übergeordneten Gesamtprojektes:

- Möglichst viele Spieler sollten durch ein Belohnungssystem dazu motiviert werden, sich als Multiplikator einzubringen.
- Zu Marketingzwecken wird angestrebt, ein Advisory Board aus Blockchain-Experten aufzubauen.

Folgendes Nicht-Ziel dient dazu, eine klare Abgrenzung des Projektes zu definieren:[24]

- Bei dem vorliegenden Projekt wird lediglich die Umsetzung geplant, es erfolgt jedoch keine Umsetzung in diesem Zuge.

3.3. Stakeholderanalyse und Projektumfeldanalyse

"Als Stakeholder des Projekts werden Personen und Personengruppen bezeichnet, die ein besonderes Interesse am Projekt oder am Projektergebnis haben oder aber vom Projekt in irgendeiner positiven oder negativen Weise betroffen sind.",[25] so *Holger*. Im Rahmen einer Stakeholderanalyse wird

---

[22] vgl. *Alam/Gühl* (2016), S. 62
[23] vgl. *Alam/Gühl* (2016), S. 62
[24] vgl. *Alam/Gühl* (2016), S. 62
[25] vgl. *Timinger* (2015), S. 26

untersucht, "welche Stakeholder [...] wie vom Projekt betroffen sind und den Projektverlauf bzw. das Projektergebnis beeinflussen können."[26]

Die Stakeholder-Analyse wird auch als Umfeld-, Projektumwelt- oder Projektkontext-Analyse bezeichnet.[27] Das Ziel einer solchen Analyse ist es, „alle Beteiligten zu identifizieren, die eine Rolle im Projekt spielen oder spielen können, und sie adäquat einzubinden."[28] "Der gezielte Umgang mit all diesen Personen ist essentiell für einen möglichst reibungslosen Projektverlauf."[29]

Als Stakeholder werden im Zuge dieses Projektes die sechs Mitarbeiter gezählt. Ergänzend wurde auch der bestehende Markt als Stakeholder klassifiziert. Erwähnenswert ist, dass kein klassischer Auftraggeber als Stakeholder angegeben wird, da der Auftraggeber im vorliegenden Fall das Projektteam ist.

Eine fundierte Analyse der Stakeholder und insbesondere die Ableitung von Maßnahmen kann an dieser Stelle aus Kapazitätsgründen nicht ohne Qualitätseinbußen durchgeführt werden. Stattdessen wird eine modifizierte RACI-Matrix nach *Alam* und *Gühl* zu Grunde gelegt (siehe Abb. 2).[30] „RACI" steht hierbei für:

- „**R**esponsible, d. h. verantwortlich im disziplinarischen Sinne.
- **A**ccountable, d. h. verantwortlich aus Kostenträger- oder Kostenstellensicht.
- **C**onsulted, d. h. verantwortlich in fachlicher Hinsicht.
- **I**nformed, d. h. benötigt die Information für andere Verantwortlichkeiten."[31]

---

[26] *Walter* (2012), S. 78
[27] vgl. *Alam/Gühl* (2016), S. 58
[28] *Alam/Gühl* (2016), S. 58
[29] *Lange* (2015), S. 43
[30] vgl. *Alam/Gühl* (2016), S. 59
[31] *Alam/Gühl* (2016), S. 59

Stakeholder	Rolle im Projekt	Einstellung zum Projekt	Mögliche Einflussnahme
Projektleiter	R, A	positiv	hoch
Creative Director	R, C	positiv	hoch
Narrative Leader	C	positiv	mittel
Head of Communication	C, I	positiv	mittel
Programmierer	C	positiv	mittel
Blockchain-Experte	C, I	positiv	hoch
Markt	I	negativ	niedrig

Abbildung 2:   Umfeldanalyse

(Quelle: in Anlehnung an Alam, D.; Gühl, U.: 2016, S. 60)

Alam und *Gühl* empfehlen im Zuge der Erstellung der RACI-Matrix, Strategien bzw. Maßnahmen für den Umgang mit den Stakeholdern abzuleiten. Eine fundierte und aussagekräftige Ableitung solcher Maßnahmen würde den Rahmen der Fallstudie deutlich sprengen und wird daher nicht durchgeführt.

3.4. Projektorganisation

Die Projektorganisation beinhaltet alle Organisationseinheiten und projektrelevanten Regelungen. Außerdem werden darin die Rollen mit deren dazugehörigen Aufgaben, Kompetenzen und Verantwortung beschrieben sowie die Korrelation der Rollen im Projekt erklärt. Die Rollen werden konkreten Projektmitarbeiter zugeteilt.[32]

Das dieser Fallstudie zugrunde liegende Projekt organisiert sich nach der Matrix-Projektorganisation. " Dies ist eine Mischform zwischen reiner Projektorganisation und Projektkoordination. Verantwortung und Befugnisse sind zwischen Projektleiter und den beteiligten Linienfunktionen aufgeteilt. Projektmitarbeiter sind für einen gewissen Anteil im Projekt, bleiben aber zumindest personell in der Linienorganisation verankert."[33] Der Projektleiter ist

---

[32] vgl. *Alam/Gühl* (2016), S. 95
[33] *Alam/Gühl* (2016), S. 94

dabei allein verantwortlich für den Projekterfolg. Dieser wiederum ist seinem Fachvorgesetzten unterstellt, der nur in Konfliktfälle in dem Projekt eingreift.[34]

Projektleitung			
Projektmanagement	Kaufmännisches Department	Technisches Department	Marketing
Projekt 1			Marketingplanung
Projekt 2			Kommunikationspolitikplanung

Abbildung 3: Projektorganisation

(Quelle: in Anlehnung an Aichele, C.; Schönberger, M.: 2014, S. 12)

Eine Einsatzplanung der Ressourcen erfolgt an dieser Stelle nicht, da der Rahmen dieser Fallstudie dies nicht zulässt.

4. Projektplanung

In der Planungsphase werden wichtige Vorlagen und Pläne wie z. B. der Projektstrukturplan mit den dazugehörigen Arbeitspaketen und Aufgaben, der Meilensteinplan sowie die Kommunikationsmatrix erstellt, die entscheidend für den Projekterfolg sein können.

4.1. Projektstrukturplan

Der Projektstrukturplan unterstützt die Strukturierung von Projekten und ist ein wichtiges Instrument des Projektmanagers,[35] da in diesem grundlegende Rahmenbedingungen wie Verantwortlichkeiten, Zeit- und Kostenrahmen sowie Steuerungsfaktoren und Dokumentationswege definiert werden. Ein Projektstrukturplan unterteilt sich in planbare und kontrollierbare Teilprojekte,

---

[34] vgl. *Behm/Berger* (2015), S. 30f

die aus regionalen, organisatorischen oder fachlichen Arbeitspaketen bestehen und diese wiederum werden in geschlossene Aufgaben zergliedert.[36]

In dieser Fallstudie wird für die Erstellung des Projektstrukturplans die Top-Down-Methode[37] angewendet. Nach *Broy* und *Kuhrmann* wird "im Top-Down-Ansatz [...] der Projektstrukturplan ausgehend von der gesamten Problemstellung durch schrittweises Zerlegen und Verfeinern erstellt".[38]

Die Darstellung des Projektstrukturplans mit den dazugehörigen Arbeitspaketen und Aufgabenstellungen wird in Form einer übersichtlichen Baumstruktur erstellt. Dieser ist die Basis der zeitlichen, ressourcen- und kostentechnischen Pläne sowie sonstiger Überlegungen. Daher sollten jegliche Planungsfehler in dieser Projektphase ausgeschlossen werden, denn diese können eine dramatische Auswirkung auf den gesamten Projektverlauf einnehmen.[39]

Die Anlage 1 stellt den Projektstrukturplan dieses Projekts dar. Die detaillierten Aufgaben jedes Arbeitspakets wurden beispielhaft nur für zwei Arbeitspakete hinzugefügt, die in dem nachfolgenden Unterkapitel beschrieben werden.

4.2. Beschreibung von Arbeitspaketen

Nach der Fertigstellung des Projektstrukturplans erfolgt die ausführliche Beschreibung der Arbeitspakete mit einem genau definierten Ergebnis. Auf diese Arbeitspakete basierend werden weitere Planungsschritte sowie das Controlling und die Abnahme der Ergebnisse durchgeführt.[40] Zu der Beschreibung gehören Informationen über die detaillierten Aufgaben, Termine sowie sonstige Rahmenbedingungen.[41]

Nach *Broy* und *Kuhrmann* ist ein Arbeitspaket "eine in sich abgeschlossene Tätigkeit bzw. Tätigkeitsgruppe mit festgelegter Dauer, Zuordnung von Personal- und Betriebsmitteln (Ressourcen) und logischen oder zeitlichen

---

[35] vgl. *Broy/Kuhrmann* (2013), S. 215
[36] vgl. *Alam/Gühl* (2016), S. 76
[37] vgl. *Broy/Kuhrmann* (2013), S. 216
[38] *Broy/Kuhrmann* (2013), S. 216
[39] vgl. *Felkai/Beiderwieden* (2015), S. 217
[40] vgl. *Felkai/Beiderwieden* (2015), S. 226
[41] vgl. *Broy/Kuhrmann* (2013), S. 217

Abhängigkeiten zu anderen Arbeitspaketen".[42] Jedes Arbeitspaket ist dadurch gekennzeichnet, dass dieses steuer- und kontrollierbar ist. Dies wird durch die Bündelung sachlicher und organisatorisch zusammengehöriger Aktivitäten möglich, die ein eindeutiges und exakt definiertes Ziel haben.[43]

Eine Faustregel, die zu beachten gilt, ist, "so wenig Arbeitspakete wie möglich, aber so viel Arbeitspakete wie nötig".[44] Je nach Komplexität und Dynamik des Projekts werden die Arbeitspakete nach Haupt-Arbeitspaket, Arbeitspaket und Unter-Arbeitspaket aufgegliedert, damit je eine Person ein Arbeitspaket bearbeiten kann.[45] In dieser Fallstudie wurde eine solch detaillierte Aufgliederung nicht als erforderlich angesehen. Nachfolgend werden zwei beispielhafte Arbeitspakete näher beschrieben.

Arbeitspaket 1
Teilprojekt: Analyse der Ausgangssituation   **PSP-Code:** 1
Arbeitspaket: 1.5 Erstellung SWOT-Matrix
Tätigkeiten: Ziele und Fragestellungen für die SWOT-Analyse klären   Anwendungsbereich klären   Stärken und Schwächen zusammenstellen   Chancen und Risiken analysieren   Umfelder und Rahmenbedingungen mit PESTEL kategorisieren   SWOT im Team besprechen   SWOT-Tabelle fertigstellen
Voraussetzung: Definition des konkreten Ziels und Abgrenzung der Analyse ist im Team erfolgt   Analysequellen sind definiert
Probleme / Risiken:

---

[42] *Broy/Kuhrmann* (2013), S. 218
[43] vgl. *Felkai/Beiderwieden* (2015), S. 226
[44] *Felkai/Beiderwieden* (2015), S. 226
[45] vgl. *Alam/Gühl* (2016), S. 77

Nicht ausreichend Zeit für eine umfangreiche Analyse

Professionelle Quellen sind teuer oder fehlen, da Innovationsprodukt

Arbeitspaketverantwortliche(r): Doina Vorosan

Mitarbeiter / Team: -

Geplante Kosten: -

Geplanter Starttermin: 25.07.2018

Geplanter Endtermin: 31.07.2018

Arbeitspaket 2

Teilprojekt: Zielgruppen der Kommunikation   **PSP-Code:** 3

Arbeitspaket: 3.4 Zielgruppen-Profil erstellen

Tätigkeiten:

Zielgruppen-Bedürfnisse entdecken

Zielgruppen nach emotionalen Motiven bilden

Definition der demografischen, sozioökonomischen, psychografischen
Merkmalen sowie des Kaufverhaltens

Glaubenssätze der Zielgruppe herausfinden

Tabellarisches Zielgruppen-Profil erstellen.

Voraussetzung:

Recherche und abgestimmter Vorauswahl der relevanten Zielgruppen

Definierte Kommunikationsziele

Probleme / Risiken:

Durch mangelnde Erfahrung Fokussierung auf falschen Zielgruppen-Aspekte

Arbeitspaketverantwortliche(r): Doina Vorosan

Mitarbeiter / Team: -

Geplante Kosten: -

Geplanter Starttermin: 07.08.2018
Geplanter Endtermin: 15.08.2018

Abbildung 4: Beschreibung der Arbeitspakete

(Quelle: in Anlehnung an Walter, V.: 2012, S. 30)

4.3. Meilensteine

Die Festlegung von Meilensteinen in einem Meilensteinplan dient der Kontrolle von Projektfortschritt und -qualität. Der Meilensteinplan ist Bestandteil des Projektstrukturplans.[46] "Ein Meilenstein definiert einen bestimmten zu erreichenden Entwicklungsstand im Projekt, meist durch Beschreibung einer Reihe von vorzulegenden Projektergebnissen. Ein Meilenstein kennzeichnet den Beginn oder das Ende einer Projektfortschrittstufe. Er beansprucht keine Ressourcen, ist überprüfbar beschrieben (nicht ausreichend ist beispielsweise „Programm zu 90 % fertig") und kurzfristig (zum Beispiel 2–4 Wochen). Meilensteine sind optimaler Weise über den Projektverlauf gleich verteilt."[47]

Der Meilensteinplan besteht aus Meilensteinterminen mit messbaren Ergebnissen sowie Projektstartdatum und Projektenddatum.[48] Die Meilensteine werden durch die Eigenschaften Überprüfbarkeit, Kurzfristigkeit und Gleichverteilung charakterisiert.[49]

Die Endtermine mehrerer Arbeitspakete sind in dem Meilensteinplan zusammengefasst. Aus diesen könnte im nächsten Schritt ein Phasenplan erstellt werden.[50]

---

[46] vgl. *Broy/Kuhrmann* (2013), S. 222
[47] *Broy/Kuhrmann* (2013), S. 223
[48] vgl. *Alam/Gühl* (2016), S. 87
[49] vgl. *Broy/Kuhrmann* (2013), S. 224
[50] vgl. *Alam/Gühl* (2016), S. 87

4.4. Projektphasen

Im Projektmanagement wird von Projektphasen und Projektmanagementphasen gesprochen, die sich voneinander unterscheiden.[51] "Eine Phase ist ein zeitlich begrenzter Abschnitt, der sich inhaltlich von anderen Abschnitten unterscheidet. Eine Phase können wir sowohl auf die Projektmanagementaktivitäten beziehen, dann nennen wir sie Projektmanagementphase, als auch auf die sonstigen Aktivitäten im Projekt, die zur Bearbeitung des eigentlichen Projektgegenstands notwendig sind, dann sprechen wir von einer Projektphase."[52]

In dieser Fallstudie wurden folgenden Projektphasen definiert:

- Projektstart/-vorbereitung
- Projektplanung
- Projektumsetzung
- Projektsteuerung
- Projektabschluss

4.5. Kommunikationsmatrix

Nach *Timinger* ist die Kommunikation „der Prozess der Weitergabe von Informationen von einer sendenden zu einer empfangenden Person."[53]

Die Kommunikation im Projekt ist sehr wichtig für den Austausch und die Übertragung von Informationen, um eine zielorientierte Zusammenarbeit zu ermöglichen. Daher ist die Erstellung eines Kommunikationsplans im Projekt essentiell, denn darin ist festgelegt, wer mit wem und wie oft kommunizieren soll oder muss.[54] In dem Kommunikationsplan sollte nicht nur die interne sondern auch die externe Kommunikation berücksichtigt werden. Eskalationsprozesse bei Konflikten sollten ebenso hinterlegt werden.[55]

---

[51] vgl. *Timinger* (2015), S. 38
[52] *Timinger* (2015), S. 38
[53] *Timinger* (2017), S. 323
[54] vgl. *Alam/Gühl* (2016), S. 22
[55] vgl. *Alam/Gühl* (2016), S. 27

"Etwa 80 % der Arbeit eines guten Projektmanagements umfasst Kommunikation. Kommunikation ist ein (wenn nicht der) Schlüssel zum Projekterfolg."[56]

Aufgrund der Tatsache, dass dieses Projekt nebenberuflich erfolgt, nur eine geringe Anzahl an Mitarbeitern besitzt und außerhalb des Projektteams keine weiteren Lenkungsausschüsse oder Auftraggeber existieren, wird auf die Erstellung einer Kommunikationsmatrix verzichtet. Die Kommunikation erfolgt nach Bedarf, wenn ein Teammitglied ein fertiges Arbeitsergebnis hat oder eine Entscheidung benötigt. Über elektronische Plattformen wie Discord, WhatsApp und Google Drive werden die Informationen regelmäßig ausgetauscht. Quartalsweise finden auch gemeinsame Meetings statt.

5. Projektsteuerung

Auf die Phase der Projektsteuerung wird in dieser Fallstudie nicht detailliert eingegangen, da der Fokus hauptsächlich auf der Projektplanung liegt. In dieser Phase wird das Projekt umgesetzt. Die Hauptaktivitäten in dieser Phase sind die operative tägliche Organisation, Planung, Kontrolle und Steuerung des Projekts.[57] Die Phase der Projektsteuerung beginnt ab dem 15.09.2018.

Nur eine systematische schrittweise Vorgehensweise kann ein Projekt zum Erfolg führen.[58] Daher ist die Projektleiterin in der Verantwortung, das erstellte Konzept der Kommunikationspolitik in Zusammenarbeit mit einer Marketingagentur sowie mit der Unterstützung der restlichen Projektmitglieder umzusetzen. Die erstellten Konzepte und Pläne werden regelmäßig überprüft und iterativ angepasst, so dass die Kommunikationsziele erreicht werden.[59]

---

[56] *Alam/Gühl* (2016), S. 24f
[57] vgl. *Broy/Kuhrmann* (2013), S. 73
[58] vgl. *Madauss* (2000), S. 108
[59] vgl. *Timinger* (2017), S. 101

6. Projektabschluss

Der Projektabschluss ist für den 07.07.2019 mit der erfolgreichen Bekanntmachung und Einführung des Spiels erreicht. Obwohl die Konzeptionsphase bis zum 15.09.2018 fertig gestellt wird, stellt sie lediglich das Ergebnis der ersten Iteration dar. Im Zuge der Umsetzungsphase wird es jedoch erfahrungsgemäß noch notwendig werden, einige Änderungen und Anpassungen vorzunehmen. Die Vorgehensweise, Ergebnisse und Erfahrungen werden dokumentiert und als Basis für zukünftige Projekte genutzt.[60]

In einem klassischen Projekt gehört zu der offiziellen Abschlussphase die Projektübergabe, Projektabnahme und der Projektabschluss. Zusätzlich erfolgt u. A. die Abrechnung sowie die Freigabe der Ressourcen.[61]

7. Fazit und kritische Reflexion

Für den Projektleiter eines derartigen Projektes ergeben sich zu Projektbeginn viele offene Fragen, insbesondere, wenn sich die Technologie, die dem Projekt zu Grunde liegt, noch in der Anfangsphase befindet bzw. den Projektbeteiligten die Erfahrungswerte in der Branche fehlen. Durch die konsequente Anwendung bewährter Projektmanagement-Methoden konnte jedoch Abhilfe geschafft werden und die Komplexität des Gesamtvorhabens deutlich reduziert werden. Zwar konnte im Rahmen der vorliegenden Fallstudie nicht auf alle offenen Punkte eingegangen und alle Detailfragen geklärt werden, jedoch trägt die Erhöhung der Transparenz und das Herunterbrechen der Projektphasen auf einzelne Arbeitspakete doch dazu bei, das Projekt inhaltlich teilweise zu „durchdringen". Diese Fallstudie dient als eine gute Grundlage dafür, darauf aufbauend weiterführende oder ergänzende Planungen durchzuführen.

---

[60] vgl. *Alam/Gühl* (2016), S. 113
[61] vgl. *Broy/Kuhrmann* (2013), S. 75

Alle Projektbeteiligten sind Vollzeitangestellte bzw. teilweise zusätzlich Fernstudenten. Dies erschwert die Bereitstellung von zeitlichen und finanziellen Ressourcen, die für die Planung und Umsetzung des Projekts notwendig sind. Die Umsetzung der Maßnahmen der Kommunikationspolitik in Zusammenarbeit mit einer Agentur würde das Projektteam enorm unterstützen. Andernfalls würde aufgrund der begrenzten Ressourcen die Qualität der abgeschlossenen Arbeitspakete vsl. leiden.

Das bearbeitete Projekt ist nur ein kleines Teilprojekt eines viel größeren komplexeren Vorhabens, was viele Ressourcen in Anspruch nimmt. Die perfekte systematische Projektplanung kommt daher auch in dieser Fallstudie etwas zu kurz. Auf manche Aspekte wie eine umfassendere Projektumfeldanalyse, ein detaillierterer Projektstrukturplan, die Planung der Steuerungs- und Controllingtools konnte aus Kapazitätsgründen leider nicht eingegangen werden.[62]

Als Erfolgsfaktor wird die sehr gute Zusammenarbeit zwischen den Projektmitgliedern gesehen. Das Team versteht sich gut, hat unterschiedliche für das Projekt erforderliche Kompetenzen, ist sehr motiviert und möchte die Synergieeffekte der beruflichen Aktivitäten, der privaten Interessen und des Fernstudiums nutzen.[63]

---

[62] vgl. *Felkai/Beiderwieden* (2015), S. 214
[63] vgl. *Alam/Gühl* (2016), S. 117

Anlagen

Anlage 1: Projektstrukturplan

Projektstrukturplan Kommunikationskonzept

Teilprojekt	1. Analyse der Ausgangssituation	2. Kommunikationsziele	3. Zielgruppen der Kommunikation	4. Kommunikationsstrategie	5. Kommunikationsbudget	6. Instrumente und Maßnahmen
Arbeitspakete	1.1 Definition Analyseziel und Abgrenzung	2.1 Definition strategischer Kommunikationsziele	3.1 Brainstorming potenzieller Zielgruppen	4.1 Formulierung der zentralen Werbebotschaft	5.1 Definition gesamtes Marketingbudgets	6.1 Brainstorming möglicher Instrumente
	1.2 Definition Analysequelle	2.2 Definition taktischer Kommunikationsziele	3.2 Liste der Zielgruppen verfeinern	4.2 Entwicklung einer Copystrategie	5.2 Budgetaufteilung pro Bereiche	6.2 Analyse Wettbewerb
	1.3 Durchführung Branchenanalyse	2.3 Definition operativer Kommunikationsziele	3.3 Haupt-Zielgruppen bestimmen	4.3 Vorgabe Richtlinien für Werbemittelgestaltung		6.3 Auswahl Instrumente
	1.4 Durchführung Unternehmensanalyse	2.4 Definition Zielausmaß	3.4 Zielgruppen-Profil erstellen	4.4 Bestimmung der Maßnahmen und des Mitteleinsatzes		6.4 Maßnahmenplanung
	1.5 Erstellung SWOT-Matrix	2.5 Definition Zeitraum		4.5 Timing der Aktivitäten		
	1.6 Bewertung	2.6 Definition Zielgebiet				

(Quelle: in Anlehnung an Aichele, C.; Schönberger, M.: 2014, S. 9)

Anlage 2: Meilensteinplan

24

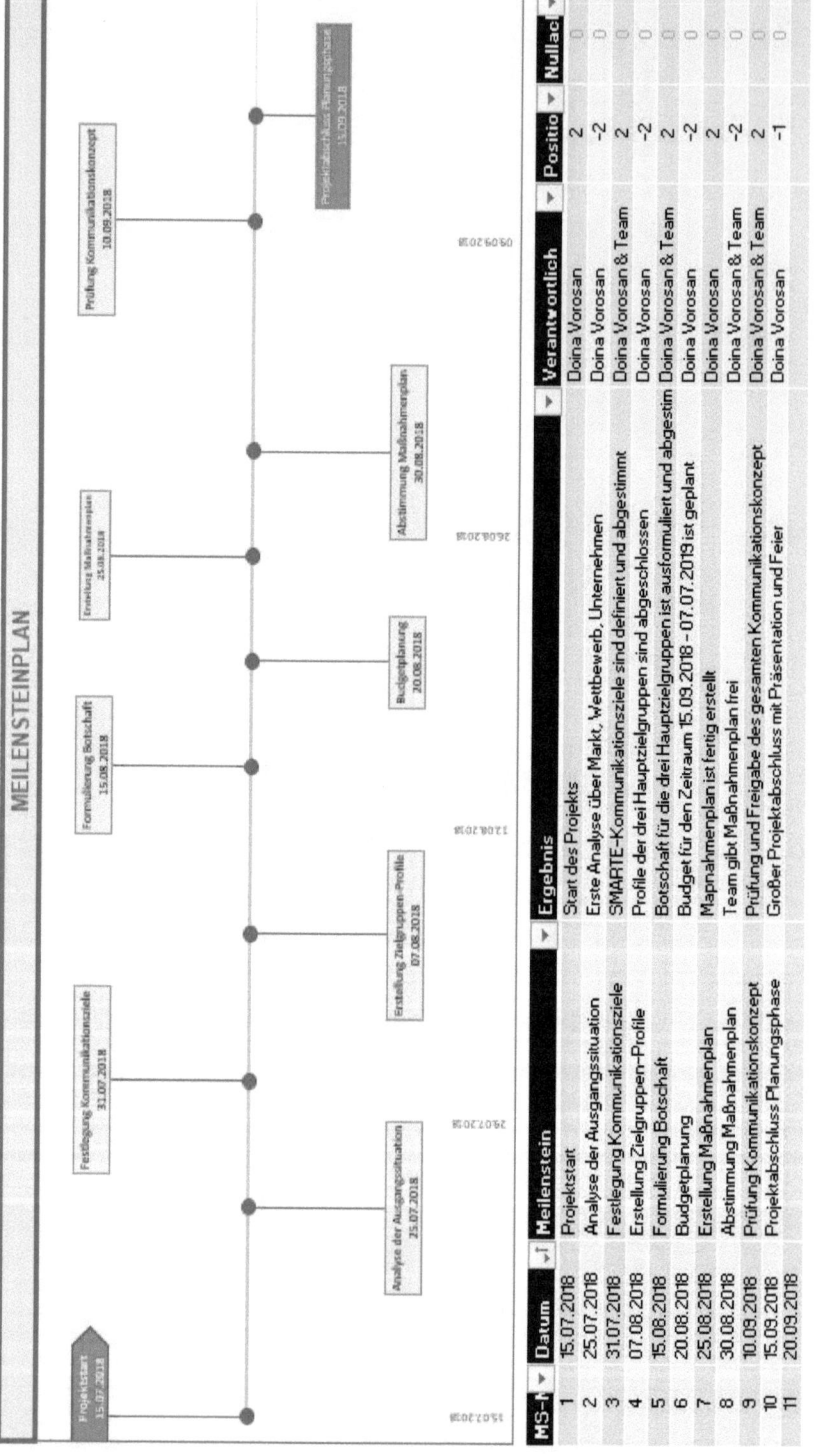

MEILENSTEINPLAN

MS-N	Datum	Meilenstein	Ergebnis	Verantwortlich	Positio	Nullac
1	15.07.2018	Projektstart	Start des Projekts	Doina Vorosan	2	0
2	25.07.2018	Analyse der Ausgangssituation	Erste Analyse über Markt, Wettbewerb, Unternehmen	Doina Vorosan	-2	0
3	31.07.2018	Festlegung Kommunikationsziele	SMARTE-Kommunikationsziele sind definiert und abgestimmt	Doina Vorosan & Team	2	0
4	07.08.2018	Erstellung Zielgruppen-Profile	Profile der drei Hauptzielgruppen sind abgeschlossen	Doina Vorosan	-2	0
5	15.08.2018	Formulierung Botschaft	Botschaft für die drei Hauptzielgruppen ist ausformuliert und abgestim	Doina Vorosan & Team	2	0
6	20.08.2018	Budgetplanung	Budget für den Zeitraum 15.09.2018 - 07.07.2019 ist geplant	Doina Vorosan	-2	0
7	25.08.2018	Erstellung Maßnahmenplan	Mapnahmenplan ist fertig erstellt	Doina Vorosan	2	0
8	30.08.2018	Abstimmung Maßnahmenplan	Team gibt Maßnahmenplan frei	Doina Vorosan & Team	-2	0
9	10.09.2018	Prüfung Kommunikationskonzept	Prüfung und Freigabe des gesamten Kommunikationskonzept	Doina Vorosan & Team	2	0
10	15.09.2018	Projektabschluss Planungsphase	Großer Projektabschluss mit Präsentation und Feier	Doina Vorosan & Team	2	0
11	20.09.2018			Doina Vorosan	-1	0

(Quelle: in Anlehnung an Mutter, T.: 2017)

Literaturverzeichnis

Aichele, C./Schönberger, M. (2014). *IT-Projektmanagement*. Wiesbaden: Springer Vieweg.

Alam, D./Gühl, U. (2016). *Projektmanagement für die Praxis*. Wiesbaden: Springer Vieweg.

Behm, W./Berger, T. (2015). *Studienbrief: Projektmanagement* (7. Aufl.). Riedlingen: SRH Fernhochschule.

Broy, M./Kuhrmann, M. (2013). *Projektorganisation und Management im Software Engineering*. Heidelberg: Springer Vieweg.

Dülfer, E. (1982). *Projektmanagement – international*. Stuttgart: Pöschel.

Felkai, R./Beiderwieden, A. (2015). *Projektmanagement für technische Projekte* (3. Aufl.). Wiesbaden: Springer Vieweg.

Froböse, M./Thurm, M. (2016). *Marketing*. Wiesbaden: Springer Gabler.

Jakoby, W. (2015). *Projektmanagement für Ingenieure* (3. Aufl.). Wiesbaden: Springer Fachmedien.

Lange, S. (2015). *Komplexität im Projektmanagement*. Wiesbaden: Springer Vieweg.

Madauss, B.-J. (2000). *Projektmanagement* (7. Aufl.). Wiesbaden: Springer Vieweg.

Nagl, A. (2017). *Der Marketingplan* (2. Aufl.). München: C. H. Beck.

26

Schmid, P. (2013). *Praxiskurs Projektmanagement* (5. Aufl.). Regensburg: Walhalla.

Timinger, H. (2015). *Projektmanagement*. Weinheim: Wiley.

Timinger, H. (2017). *Modernes Projektmanagement*. Weinheim: Wiley.

Walter, V. (2012). *Studienbrief: Fallstudie zur Projektplanung* (3. Aufl.). Riedlingen: SRH Fernhochschule.

Internetquellenverzeichnis

Franta, B. (o. D.). *Kommunikationsplan für Projekte*. Zugriff am 17.08.2018. Verfügbar unter http://dieprojektmanager.com/kommunikationsplan-fuer-projekte/.

gabler.de (o. D.). *Definition: Ziel*. Zugriff am 29.07.2018. Verfügbar unter https://wirtschaftslexikon.gabler.de/definition/ziel-49980.

Hagen, S: (2010). *Projektauftrag*. Zugriff am 29.07.2018. Verfügbar unter http://pm-blog.com/2010/02/11/projektauftrag-vorlage-zum-kostenlosen-download/.

Mutter, T. (2017): *Meilensteinplan – Wichtige Projektphasen abbilden*. Zugriff am 29.07.2018. Verfügbar unter https://www.alle-meine-vorlagen.de/meilensteinplan-wichtige-projektphasen-abbilden/.

BEI GRIN MACHT SICH IHR WISSEN BEZAHLT

- Wir veröffentlichen Ihre Hausarbeit,
  Bachelor- und Masterarbeit

- Ihr eigenes eBook und Buch -
  weltweit in allen wichtigen Shops

- Verdienen Sie an jedem Verkauf

Jetzt bei www.GRIN.com hochladen und kostenlos publizieren